BEI GRIN MACHT SICH IHR
WISSEN BEZAHLT

- Wir veröffentlichen Ihre Hausarbeit,
  Bachelor- und Masterarbeit

- Ihr eigenes eBook und Buch -
  weltweit in allen wichtigen Shops

- Verdienen Sie an jedem Verkauf

Jetzt bei www.GRIN.com hochladen
und kostenlos publizieren

Jessica Krüger

Germanistische Sprachwissenschaft. Semantik, Pragmatik und Textlinguistik

Lernzusammenfassung in Stichpunkten

GRIN Verlag

Bibliografische Information der Deutschen Nationalbibliothek:

Die Deutsche Bibliothek verzeichnet diese Publikation in der Deutschen National-
bibliografie; detaillierte bibliografische Daten sind im Internet über http://dnb.d-
nb.de/ abrufbar.

Impressum:

Copyright © 2015 GRIN Verlag, Open Publishing GmbH
Druck und Bindung: Books on Demand GmbH, Norderstedt Germany
ISBN: 978-3-668-01737-5

GRIN - Your knowledge has value

Der GRIN Verlag publiziert seit 1998 wissenschaftliche Arbeiten von Studenten, Hochschullehrern und anderen Akademikern als eBook und gedrucktes Buch. Die Verlagswebsite www.grin.com ist die ideale Plattform zur Veröffentlichung von Hausarbeiten, Abschlussarbeiten, wissenschaftlichen Aufsätzen, Dissertationen und Fachbüchern.

Besuchen Sie uns im Internet:

http://www.grin.com/

http://www.facebook.com/grincom

http://www.twitter.com/grin_com

Inhaltsverzeichnis

<u>**Semantik**</u> (Bedeutung und Beziehung zwischen den Zeichen: `Wörter`, `Phrasen`, `Symbole`)

1. Semantische Relationen
a) semasiologisch vs. onomasiologisch

semasiologisch (`Bedeutung`/ `Inhalt`)	onomasiologisch (`Bezeichnung`/ `Name`)
▪ Ausgangspunkt ist eine konkrete Wortform ▪ Es wird nach Bedeutungen oder Bedeutungsvarianten einer konkreten Wortform gesucht	▪ Ausgangspunkt ist eine Vorstellung, ein Begriff ▪ Es wird danach gesucht, welche Wörter, welche konkreten Wortformen diese Bedeutung enthalten
▪ Beispiel: Das Wort „*Pferd*" Bedeutungen, nach denen gesucht wird: *Schachfigur, Tier*	▪ Beispiel: Das Tier Pferd in der Welt. Konkrete Wortformen, die diese Bedeutung enthalten: *Ross, Gaul, Pferd* ▪ Die unterschiedlichen Wörter (Bezeichnungen) für den Inhalt/das Bild ergeben ein lexikalisches Feld.
▪ Fragestellungen: Was bedeutet das Wort? Was ist der Unterschied/ die Gemeinsamkeit zwischen den Begriffen*?*	▪ Fragestellung: Wie wird der Gegenstand bezeichnet? In welchem Verhältnis stehen die unterschiedlichen Bezeichnungen zueinander?

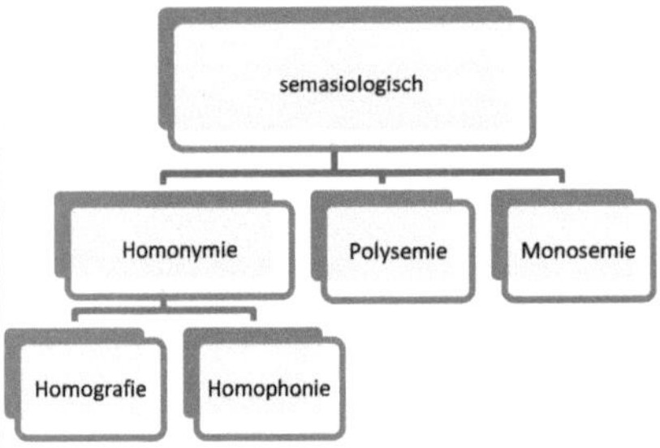

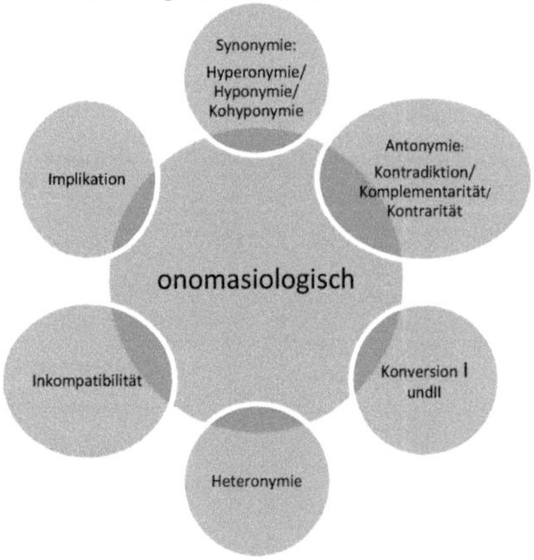

(Diagramm semasiologisch:)
semasiologisch
- Homonymie
  - Homografie
  - Homophonie
- Polysemie
- Monosemie

(Diagramm onomasiologisch:)
onomasiologisch
- Synonymie: Hyperonymie/ Hyponymie/ Kohyponymie
- Antonymie: Kontradiktion/ Komplementarität/ Kontrarität
- Konversion I und II
- Heteronymie
- Inkompatibilität
- Implikation

ZEICHEN
nach F. de Saussure
Das Zeichen ist die psychische, bewußtseinsmäßige Einheit von Zeichenträger (le signifiant) und Zeicheninhalt (le signifie).

VORSTELLUNG
Concept
le signifié

LAUTBILD
Image acoustique
le signifiant

Abb. 2

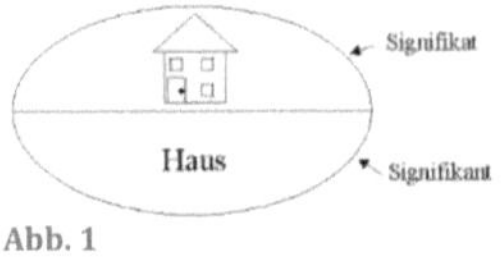

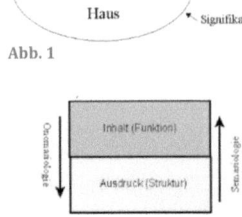

Signifikat

Haus

Signifikant

Abb. 1

Inhalt (Funktion)

Ausdruck (Struktur)

Abb. 3

2

b) grammatisch vs. lexikalisch

grammatisch	Lexikalisch
▪ Zeitform ▪ Wortart ▪ Funktion ▪ Steigerung	▪ Semasiologische Relationen ▪ Onomasiologische Relationen ▪ Rhetorische Stilmittel

c) syntagmatisch vs. paradigmatisch

syntagmatisch *durch Kombinierbarkeit definiert*	paradigmatisch *durch Austauschbarkeit definiert*
▪ chronologische Abfolge beim Sprechen bzw. die lineare Abfolge von links nach rechts beim Schreiben/Lesen ▪ Es wird beschrieben, welche Rolle/Funktion die einzelnen Elemente im Verhältnis zu den vorangegangenen und nachfolgenden haben ▪ Bsp.: Ich esse nie in der Kantine Ich = Subjekt Esse = Prädikat Nie = Adv. Bestimmung der Zeit In der Kantine = Adv. Bestimmung des Ortes	▪ Die Festlegung der paradigmatischen Beziehungen führt zur Segmentierung und Klassifizierung. ▪ Sie besteht zwischen zwei oder mehr Einheiten, die miteinander von der Wortart her austauschbar sind, sich im Kontext aber gegenseitig ausschließen. ▪ Bsp.:

Table in paradigmatisch cell:

Sabina	glaubt	das	nicht.
Herr Boll	bereute	die Aussage	doch.
Sie	vollzog	die täglichen Anweisungen	aufs Wort.

Paradigmatische Beziehung:
1. Wortfeld: Sabine, Herr Boll, Sie
2. Wortfeld: glaubt, bereute, vollzog
3. Wortfeld: das, die Aussage, die täglichen Anweisungen
4. Wortfeld: nicht, doch, aufs Wort.

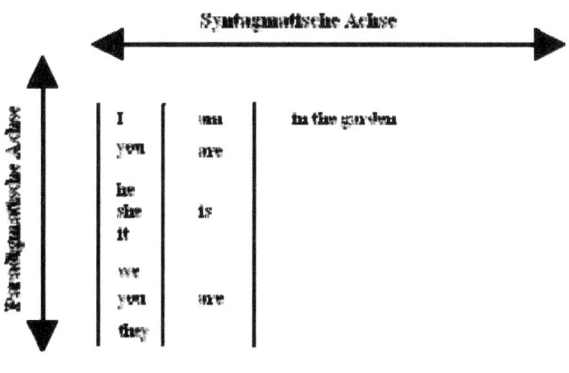

Abb. 4

3

2. Analysemöglichkeiten

a) Merkmalssemantik

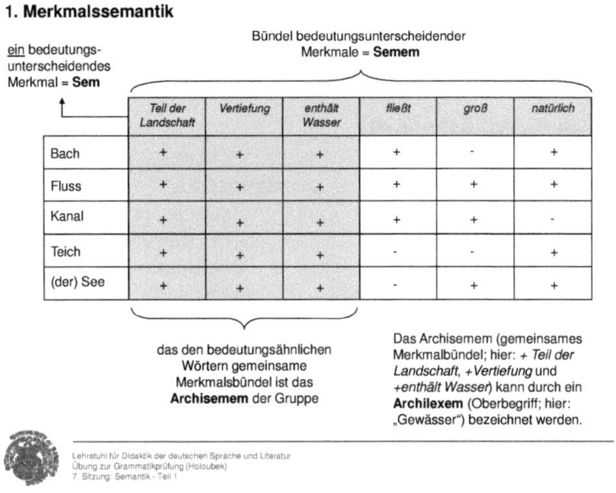

1. Merkmalssemantik
ein bedeutungs-unterscheidendes Merkmal = **Sem**
Bündel bedeutungsunterscheidender Merkmale = **Semem**

	Teil der Landschaft	*Vertiefung*	*enthält Wasser*	*fließt*	*groß*	*natürlich*
Bach	+	+	+	+	-	+
Fluss	+	+	+	+	+	+
Kanal	+	+	+	+	+	-
Teich	+	+	+	-	-	+
(der) See	+	+	+	-	+	+

das den bedeutungsähnlichen Wörtern gemeinsame Merkmalsbündel ist das **Archisemem** der Gruppe
Das Archisemem (gemeinsames Merkmalbündel; hier: + *Teil der Landschaft*, +*Vertiefung* und +*enthält Wasser*) kann durch ein **Archilexem** (Oberbegriff; hier: „Gewässer") bezeichnet werden.
Lehrstuhl für Didaktik der deutschen Sprache und Literatur
Übung zur Grammatikprüfung (Holoubek)
7. Sitzung: Semantik - Teil 1

Abb. 5

b) Prototypensemantik

- Bedeutung von Wörtern ist nach ihrer Position in einer Kategorie hierarchisiert
- Prototypen sind zentrale Vertreter einer Kategorie
- Zu den Rändern hin weisen Besetzungen von Kategorien Unschärfe und Vagheit auf

Prototypenschema für 'Vogel' aus nordamer. Sicht
Pinguin
Pfau
Eule
Ente
Taube
Tukan
Kanarienvogel
Rotkehlchen
Spatz
Papagei
Fasan
Strauss

Abb. 6

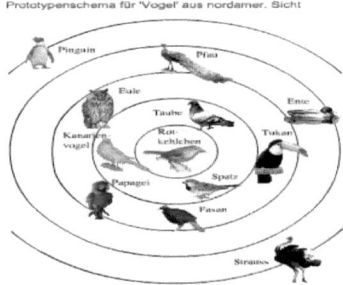

3. Arten von Bedeutung

Denotation	Konnotation
▪ Die feste sachlich-neutrale lexikalische Grundbedeutung eines Wortes ▪ Definitionen	▪ Die mitschwingende Bedeutung ▪ Wertende Elemente (Vorstellungen, Einstellungen, Werte, die damit verbunden werden) ▪ Beispiel für „Herz"
▪ Beispiel für „Herz"	Liebe, Romantik, Geborgenheit, Wärme
„Das Herz ist ein muskuläres Hohlorgan, das den Körper durch rhythmische Kontraktionen mit Blut versorgt und dadurch die Durchblutung aller Organe sichert. Es arbeitet wie jede Pumpe, indem es die Flüssigkeit (Blut) ventilgesteuert aus einem Blutgefäß ansaugt und durch ein anderes Blutgefäß ausstößt."	Sie haben ein Herz für Kinder (Sie mögen sie) Das bricht mir das Herz (Jetzt werde ich traurig) Ich habe mein Herz in Heidelberg verloren (Dort habe ich mich verliebt)
▪ Bsp.: Hund – Köter – Töle – Wauwau = dieselbe Denotation (gleiche Referenten, gleiche Kernbedeutung)	▪ Bsp.: Hund: neutral Köter/Töle: mit negativer Wertung Wauwau: konnotiert Kindersprache
	▪ Arten der Konnotation: a) Stilistisch Antlitz-Gesicht-Fresse Ross-Pferd-Gaul b) Regional Broiler-Brathähnchen Fahrrad-Velo Sich unterhalten-schnacken c) Fachsprache Platzangst-Klaustrophobie d) Gruppensprache Krass – geil

Extension (=Begriffsumfang)	Intension (=Begriffsinhalt)
▪ Menge aller Elemente, auf die sich die Bedeutung bezieht (Referenten) ▪ Extension von `Hund`: alle Objekte, auf die man mit dem Wort „Hund" referieren kann.	▪ Menge aller Merkmale, aus denen sich die Bedeutung zusammensetzt ▪ Intension von `Hund`: Merkmale wie `Begleiter vom Mensch`, `Haustier`, `bellt`, `hat Fell`, `hat 4 Beine`, `wedelt mit dem Schwanz`, usw.
Beispiele: Der Morgenstern ist der Abendstern. ⇨ Beide Ausdrücke beziehen sich auf den Planeten Venus.	Beispiel: Der Morgenstern ist der Abendstern. ⇨ Fokus liegt auf den Eigenschaften des Planeten (morgens=hell, abends=dunkel)

4. Konzept der Metapher

Eine Metapher ist ein rhetorisches Stilmittel, mit dem ein Sachverhalt bildhaft übertragen wird. Der eigentliche Ausdruck wird demnach mit etwas übersetzt, das anschaulicher, deutlicher oder sprachlich reicher sein soll.

- Visueller Vergleich
- Der Ausdruck wird anders verwendet als ursprünglich gedacht, steht aber in eingem sachlichen Zusammenhang
- Kann in substantivistischer, adjektivistischer und verbaler Form im Satzkontext auftreten
- Metaphern finden Verwendung, wenn...
  a) Für die gemeinte Sache kein eigenes Wort existiert (Bsp.: *Stuhlbein*)
  b) Ein existierendes Wort beschönigt werden soll (Bsp.: *von uns gehen*)
  c) Ein abstrakter Begriff durch einen anschaulicheren Sachverhalt versinnbildlicht werden soll (Bsp.: *Zahn der Zeit*)
  d) Eine bestimmte Eigenschaft besonders hervorgehoben werden soll (Bsp.: *Warteschlange*)

Möglichkeiten	Grenzen
<ul><li>Stil (ironisch, beschönigend)</li><li>Verbildlichung/Veranschaulichung</li><li>Der Gegenüber kann sich etwas besser vorstellen</li></ul>	<ul><li>Weltwissen als Voraussetzung/Bedingung</li><li>Bild ist evtl. unbekannt und kann somit falsch verstanden werden</li><li>Kommunikative Schwierigkeiten, wenn der Sender einen Ausdruck verwendet, den der Empfänger nicht oder falsch versteht</li></ul>

Bsp.:
Mit Leib und Seele
→ Setzt Weltwissen voraus (jmd. ist mit vollen Einsatz Lehrer, engagiert, motiviert, etc.)

Kunst des Lehrens
→ Aufwertung des Berufs
→ Könnte missverstanden werden mit dem Musischen

5. Suffixbildung (-ung)

- Suffigierung ist ein ziemlich häufiger, sehr produktiver Wortbildungstyp, bei dem komplexe Lexeme durch Anfügen eines Suffixes an ein Stammmorphem bzw. eine Morphemkombination erzeugt werden.
- Suffigierung ist typisch für die Bildung von Substantiven und Adjektiven, kaum hingegen für Verben und Adverbien.
- Sehr häufig kommt bei Wortbildungen die *deverbale Derivation* mit dem Suffix {-ung} vor
- Suffixe sind kategorieverändernd oder kategoriebestimmend
  Bsp.:
  Erleb-{nis}   => Nomen

haft – {bar}   => Adjektiv
lausch – {ig}   => Adjektiv
vorzugs – {weise}   => Adverb

- {-ung} drückt ein Geschehen als Kontinuum und Resultat aus. (z.b.: Besichtig {ung}, Veranstalt {ung}, Verantwort {ung}).
- Die Bildungen mit dem Suffix {ung} sind oft auch *Geschehensbezeichnungen* (z.b.: Samml {ung})

<u>Pragmatik</u> (Beziehung zwischen Zeichen und Zeichenbenutzern)

1. Kooperationsprinzip/Konversationsmaxime *nach Grice*

Kooperationsprinzip:
Mach deinen Beitrag zur Konversation genau so, wie es der Punkt der Konversation, an dem er erfolgt, erfordert, wobei das, was erforderlich ist, bestimmt ist durch den Zweck oder die Richtung des Gesprächs, in dem du dich befindest.

Maximen:
a) Quantität (Informationen)
   ✓ Mach deinen Beitrag so informativ, wie es der gegenwärtige Konversationszweck verlangt.
   ✓ Mach deinen Beitrag nicht informativer, als verlangt.

b) Qualität (Wahrheitswert)
   ✓ Versuche, einen wahren Beitrag zu geben.
   ✓ Sage nichts, was du für falsch hältst.
   ✓ Sage nichts, für dessen Wahrheit du keine adäquaten Gründe/Beweismittel anführen kannst.

c) Relevanz/Relation (Wichtigkeit)
   ✓ Sei relevant.
   ✓ Sage nichts, was nicht zum Thema gehört.
   ✓ Wechsle nicht das Thema.

d) Modalität (Stil: Klarheit & Deutlichkeit)
   ✓ Sei klar.
   ✓ Vermeide obskura Ausdrucksweise (Unklarheit).
   ✓ Vermeide Doppeldeutigkeit.
   ✓ Sei kurz (vermeide unnötige Weitschweifigkeit)
   ✓ Verwende die richtige Reihenfolge

Maxime	Befolgung	Missachtung
Quantität	Hanna hat drei Kinder. ⇨ Hanna hat nicht mehr als drei Kinder, sonst hätte der Sprecher das gesagt.	Krieg ist Krieg. Entweder er kommt, oder er kommt nicht. Wenn er es tut, tut er es. ⇨ Tautologien sind immer wahr, aber uninformativ.
		A: „Wie ging es Harry gestern vor Gericht?" B: „Oh, er kriegte eine Geldstrafe." (Später erfuhr A, dass Harry auch lebenslange Haft bekommen hat). ⇨ Es fehlt eine relevante Information. Ziel: Möglicherweise Herunterspielen der Ereignisse.
Qualität	Susanne ist zu Hause. ⇨ Zuhörer kann annehmen, dass der Sprecher sicher ist, dass Susanne zu Hause ist.	A: „Teheran liegt in der Türkei, nicht wahr?" B: „Ja, und Berlin liegt in Armenien." ⇨ Ironischer Hinweis auf den Fehler in Aussage A.
Relevanz (Relation)	A: „Ich habe kein Benzin mehr." B: „Um die Ecke ist eine Tankstelle." ⇨ A kann annehmen, dass B glaubt, dass die Tankstelle offen ist und Benzin vorrätig ist.	A: „Na, dann sehen wir uns heute Abend?" B (im Geschäft): „Einverstanden Herr Müller, dann rufe ich Sie später noch einmal an." ⇨ Gespräch wurde nicht angemessen fortgeführt.
		A: „Ich finde wirklich, Frau Müller ist eine Klatschtante, du nicht?" B: „Mhm.. schönes Wetter heute, nicht?" ⇨ Ziel: Man gibt zu verstehen, dass man nicht darüber reden möchte oder kann.
Modalität	„Greg startete den Wagen und fuhr los" & nicht: „Greg fuhr los und startete den Wagen." ⇨ Die Konjunktion „und" wird in diesem Fall als „und dann" verstanden.	A: „Kaufen wir was für die Kinder." B: „In Ordnung, aber ich bin gegen (er buchstabiert) E-I-S." ⇨ Kinder sollen durch den fremden Modus (Buchstabieren) nicht mitbekommen, worum es geht.

8

2. Konversationelle Implikaturen (Verbergungen)

- Implikaturen sind Schlüsse, die ein Sprecher aus einer Äußerung ziehen kann.
- Diejenigen Informationen, die bei der Äußerung eines Satzes mitgeteilt werden, aber nicht zum semantischen Inhalt des Satzes gehören.

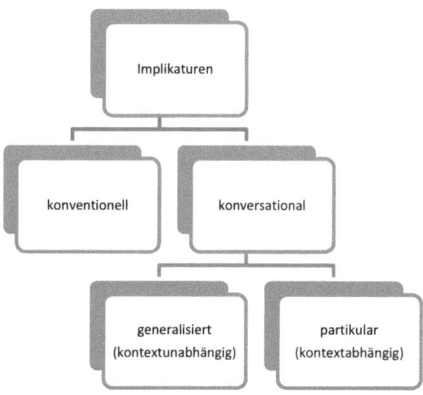

Was gesagt wird.	Was mitgemeint (impliziert) ist.
Einige Sportler rauchen.	Nicht alle Sportler rauchen.
Hans ist eine Intelligenzbestie.	Hans ist ein Idiot. (Ironie)
A: Kommst du zur Party? B: Ich muss arbeiten.	B kommt nicht zur Party.
Sie gab ihm den Schlüssel und er öffnete die Tür.	Sie gab ihm den Schlüssel und danach öffnete er die Tür mit diesem Schlüssel.
A: Ich möchte nächste Woche das Matterhorn besteigen. B: Ihr Knie braucht Zeit zur Heilung.	B gibt A den Rat, dass er damit noch warten sollte.
Ich sah John um Mitternacht mit einer Frau.	Ich sah John um Mitternacht mit einer Frau, die nicht seine Mutter, Ehefrau oder Schwester ist.
A: Hat Hans eine Freundin? B: Er ist oft in Berlin gewesen die letzten Tage.	Hans hat möglicherweise eine Freundin in Berlin.
Er war nicht gerade ein Held.	Er war feige. (Litotes)
Hannah beleidigte John und John verzweifelte.	Hannahs Beleidigung brachte John zur Verzweiflung.

3. Präsupposition

Typ	Beispiel	Präsupposition
Existenziell	Der/die/das X	+> X existiert.
✚ Definitie Kennzeichnungen	Der Bruder von Paul...	+> Paul hat genau einen Bruder.
✚ Quantifizierende Determinatoren	Die meisten Liebhaber Annas sind schwarzhaarig.	+> Anna hat mindestens zwei Liebhaber.
✚ Spaltsätze	Es war Karl, der im Lotto gewonnen hat.	+> Jemand hat im Lotto gewonnen.
Faktiv	Ich bereue, das getan zu haben.	+> Ich habe das getan.
✚ Faktive Verben und Adjektive (wissen, bedauern, erkennen, bereuen, bemerken, ...)	Hans weiß, dass Maria schwanger ist.	+> Maria ist schwanger.
Nicht-faktiv	Er gab vor, Lehrer zu sein.	+> Er war kein Lehrer.
✚ Verbunden mit der Information, dass die Proposition im Satz nicht wahr ist/nicht existiert: Vorgeben, träumen, vorstellen, vorschweben,...	Ergon gibt vor, dass Nastasia seine Frau ist.	+> Nastasia ist nicht seine Frau.
Lexikalisch	Sie schaffte es, abzuhauen.	+> Sie versuchte abzuhauen.
✚ Aspektverben (Zustandsverben): anfangen, aufhören, fortfahren,,...	Peter hat angefangen zu rauchen.	+> Peter hat bisher nicht geraucht.
✚ Adverbien wie „wieder" ✚ Implikative Verben: schaffen, fertig bringen,...	Gerda hat es geschafft zu gewinnen.	+> Gerda hat es versucht, zu gewinnen. +> Es war nicht leicht für Gerda, zu gewinnen.
Strukturell ✚ Satzstrukturen ✚ W-Interrogativsatz ✚ Nicht-restriktiver Relativsatz	Wer kommt?	+> Jemand kommt.
Kontrafaktisch ✚ Irrealer Konditionalsatz ✚ Proposition, die das Gegenteil der (als wahr angenommenen) Präsupposition bezeichnet.	Wenn ich nicht krank wäre,...	+> Ich bin krank.
	Wenn du mein Freund wärst, würdest du dich nicht so verhalten.	+> Du bist nicht mein Freund.
	Hättest du nicht den Abschluss gemacht, könntest du jetzt nicht Fahrlehrer sein.	+> Du hast den Abschluss gemacht.
Fokus(Grad)partikel ✚ Nur, lediglich, sogar, selbst,...	Auch Fritz kommt.	+> Jemand anders als Fritz kommt.
	Nur Fritz kommt.	+> Fritz kommt.

4. Implikatur vs. Präsupposition

Implikatur	Präsupposition
<ul><li>Das im Kontext <u>Gemeinte,</u> <u>Gegebene</u>: Kontextwissen, Konversationsmaxime</li><li>Streichbarkeit</li><li>Rekonstruierbarkeit</li><li>Kontextabhängigkeit</li></ul>	<ul><li>Das, was man <u>vorher wissen</u> muss, um die Kontextbedeutung erschließen zu können: Sprachwissen, Weltwissen</li><li>Streichbarkeit</li><li>Rekonstruierbarkeit</li><li>Kontextabhängigkeit</li><li>Konstanz unter Negation</li></ul>
<ul><li>Beispiel: A: Wie ist die neue Pizzeria? B: Die Köche sind alle Italiener.</li></ul> Implikatur: A: +> Ich will wissen, wie gut die Pizza schmeckt. B: +> Die Pizza schmeckt gut. Streichbarkeit: Ich will wissen, wie gut die Pizza schmeckt, aber „Die Köche sind alle Italiener" interessiert mich gar nicht. Rekonstruierbarkeit: Aufgrund der Konversationsmaxime und des Kooperationsprinzips und unter Berücksichtigung des Kontexts kann ich das Gemeinte rekonstruieren: Ich will wissen, wie <u>gut die Pizza schmeckt.</u> Kontextabhängigkeit: Aus dem gegebenen Dialog kann ich darauf schließen, dass die Qualität der Pizza gemeint ist und nicht zB die Architektur des Gebäudes.	<ul><li>Beispiel: A: Wie ist die neue Pizzeria? B: Die Köche sind alle Italiener.</li></ul> Präsuppositionen: A: >> Es gibt eine neue Pizzeria. B: >> In der Pizzeria gibt es Köche. Streichbarkeit: Es gibt die neue Pizzeria, aber das stimmt gar nicht. Rekonstruierbarkeit: Indem ich den Satz „Wie ist die neue Pizzeria?" äußere, setze ich voraus, dass es die neue Pizzeria geben muss. Kontextabhängigkeit: In diesem konkreten Dialog kann ich darauf schließen, dass es um die neue Pizzeria geht. Konstanz unter Negation: Wie ist die neue Pizzeria nicht? >> Es gibt die neue Pizzeria. Die Präsupposition bleibt auch im negierten Satz bestehen.

5. Sprechakte

a) Äußerungsakt
  - Jene Handlung, die vom Sprecher (mündlich oder schriftlich) geäußert wird.
b) Propositionaler Akt
  - Referenz: Wer?
  - Prädikation: Macht was?
  - Eigenschaft
  - Aussage/Proposition: Was wird ausgesagt?
c) Illokutionärer Akt
  - Der Akttyp, der durch die Äußerung durchgeführt wird
  - Satzart (Frage, Befehl, Ausruf, Aussage, Behauptung, etc.)
d) Perlokutionärer Akt
  - Das Hervorbringen des beabsichtigten Effekts beim Adressaten (z.b.: Glauben an eine Behauptung, Annahme eines Angebots, Ausführen eines Befehls, Berücksichtigung einer Warnung, etc.)

Beispiel: (1) Fritz raucht Pfeife.
                (2) Raucht Fritz Pfeife?

Äußerungsakt:
  (1) <Fritz raucht Pfeife.>
  (2) <Raucht Fritz Pfeife?>

Propositionaler Akt:
Referenz: Fritz
Prädikation: raucht
Eigenschaft: Pfeife
Aussage/Proposition: Ritz raucht Pfeife.

Illokutionärer Akt:
  (1) Aussage/Behauptung.
  (2) Frage

Perlokutionärer Akt:
  (1) Zuhörer glaubt dem Sprecher, dass Fritz Pfeife raucht.
  (2) Zuhörer beantwortet die Frage.

6. Klassifikation von Sprechakten (Illokutionen)

	Assertive/ Repräsentative	Direktive	Kommisive	Expressive	Deklarative
Illokutionärer Zweck	Der Sprecher legt sich in unters. Maß auf die Wahrheit der Proposition fest	Der Sprecher will den Hörer zur Ausführung einer zukünftigen Handlung verpflichten	Der Sprecher verpflichtet sich zur Ausführung einer zukünftigen Handlung	Sprecher bringt einen psychischen Zustand zum Ausdruck	Erfordern eine soziale Institution (Schule, Kirche, Parlament). Durch die Äußerung wird ein bestimmter Zustand hergestellt.
Beispiele	Behaupten, feststellen, andeuten, mitteilen, berichten, informieren, beschreiben,...	Auffordern, befehlen, anordnen, einladen, bitten,... Alle Arten von Fragen	Versprechen, geloben, drohen, anbieten, vereinbaren,...	Danken, gratulieren, entschuldigen, willkommen heißen, kondolieren,...	Exkommunizieren, zurücktreten, taufen, ernennen, Krieg erklären ,...
Anpassungsrichtung	Wort – an - Welt	Welt – an – Wort	Welt – an - Wort	Keine	Beide
Psychischer Zustand	Glaube	Wunsch	Absicht	Variabel	Keiner

7. Deixis

Deixis ist die spezielle Referenz (sprachliche Bezugnahme auf Personen, Gegenstände, Sachverhalte), der kontextabhängige Bezug von Wörtern.

- Deiktisches Zentrum: Ich-Jetzt-Hier-Origo
- Personaldeixis
  - Personalpronomen
- Sozialdeixis
  - Du, Sie, Ihr: Ausdruck sozialer Beziehung
- Lokaldeixis
  - Positional: hier, da, dort
  - Dimensional: vor/vorn, hinter/hinten, links (von)/rechts (von), oben/unten
- Temporaldeixis
  - Zeitangabe als Maß (in Bezug zum deiktischen Zentrum):
    Gestern war ich bei meinen Eltern.
  - Zeitangaben kalendarisch (absolut):
    Die Klausur ist am 25.Januar 2009.
  - Tempora (Präsens, Präteritum, Futur)
- Demonstrative Deixis (hinweisendes Fürwort, mit dem der Sprecher auf einen Gesprächsgegenstand verweist, auf den man mit dem Finger zeigen kann)
  - Dieser/diese/dieses, der da/die da/das da, jener/jene/jenes

Textlinguistik

1. Was ist ein Text?

- Definition: Ein Text ist eine komplex strukturierte und sowohl thematisch als auch konzeptuell zus.hängende sprachliche Einheit, mit der ein Sprecher eine sprachl. Handlung mit erkennbarem kommunikativem Sinn vollzieht.
- Das lateinische Wort für „Text" bedeutet soviel wie Gewebe; ein Text lässt sich somit als ein Gewebe aus Sätzen auffassen.

Merkmale
a) Innerer Zusammenhang: Text als zusammenhängendes Gebilde
b) Texte bestehen aus Sprache.
  - Fremdsprachliche Texte werden zwar als sprachl. Äußerung wahrgenommen, jedoch (wenn die entsprechenden Kenntnisse nicht gegeben sind) nicht verstanden und haben daher als Texte auch keinen kommunikativen Wert.
  - Am Ende hängt es immer vom jeweiligen Sprachbenutzer ab, ob er/sie ein sprachliches Gebilde als Text akzeptiert und versteht.
c) Ob ein sprachliches Gebilde als (relevanter) Text gesehen wird, ist letztlich immer von der individuellen Rezeptionssituation abhängig und davon, wie viel Bedeutung Sprachbenutzer diesem Gebilde beimessen.
d) Texte übermitteln prinzipiell Informationen und diese Informationen werden sprachlich repräsentiert.
e) Textbegrenzungssignale, die den Textanfang und Textschluss markieren, zeichnen einen Text zudem als begrenzte Folge von sprachl. Zeichen mit charakteristischen Struktureigenschaften aus. (Tite, Begrüßungs- und Anredefloskeln, aber auch einleitende Sätze und den Schluss anzeigende Wörter wie Ende, Schluss für heute und bis morgen oder Sätze wie ... und sie lebten vergnügt bis an ihr Ende).
  ⇨ Es gibt aber auch durch Computer erzeugte Endlostexte!
f) Auch ein semantisch unverständlicher und inkoh#renter Text kann durchaus als kommunikativ bedeutungs- und sinnvoll erachtet werden.
g) Texte zeichnen sich nicht durch ihren Umfang aus. Sie können aus lediglich einem Wort bestehen (bspw. ein Schild mit der Aufschrift „Achtung", SMS: Mach auf!!!, Werbetexte `Ich liebe es` von McDonalds oder `Brille? Fielmann.`), oder unendlich lang sein (bspw. Hypertexte -> man kann das Internet als *einen* Text betrachten).
  ⇨ Jede sprachliche Äußerung, die einen kommunikativen Zweck erfüllt, ein Text, ganz gleich, ob es sich um eine Einwort- oder Einsatzäußerung handelt oder um ein Gebilde aus Tausenden von Sätzen.
  ⇨ Feuer!
  Ist demnach ein Text. Es handelt sich hierbei um einen elliptischen Ausruf, keinen vollständigen Satz. Dieser Ausruf impliziert, dass ein Feuer ausgebrochen ist und Hilfe benötigt wird. Daher liegt eine sprachliche Handlung vor, die einen kommunikativen Sinn verfolgt.
h) Es gibt kurze und lange Texte, und diese können mdl. oder schriftl. realisiert werden. (Bericht im Radio, Vorlesungsskript, Autorenlesung, etc.)

i) Zahlreiche Trägermedien für Texte: Papier, Pappe, Plastik, Stein, Haut (Tätowierungen).

j) Enge Textdefinition: Ein Text ist eine sprachlich komplexe Einheit, die schriftlich fixiert ist. Komplex bedeutet, dass das sprachliche Gebilde aus mindestens zwei Sätzen besteht. Mit dieser Definition grenzt sich die Textlinguistik als eigenständige Disziplin zum einen von den Gebieten der wort- und satzorientierten Linguistik ab, zum anderen durch das Merkmal `schriftlich`von der Gesprächsanalyse.

2. Textsorten

a) Grundkategorie der Textklassifikation ist die Textsorte.

- Vorwissenschaftliches Textsortenwissen prägt das Verständnis eines Textes
- Wir nehmen Texte immer als Vertreter von einer Textsorte wahr (Brief, Roman, Witz, Zeitungskommentar, etc.)
- Formale und Inhaltliche Kriterien reichen nicht aus, um Textsorten zu erfassen. Entscheidend sind oft die funktionalen Kriterien (z.b. Sprechakte).
- Textsorten haben bestimmte Gemeinsamkeiten, z.b. im formalen Aufbau, in der Länge, im Inhalt, der Funktion, im Medium, das einen Text transportiert, oder der typischen Situation, in der ein Text geäußert wird.
- Klassifizierung von Textsorten:
  1) Formale Merkmale, die auf grammatischer Ebene oder grafischer Ebene beschrieben werden
  2) Inhaltlich-semantische Merkmale – aus welchen Bedeutungsfeldern kommt der Wortschatz?
  3) Funktionale Merkmale – welche Handlungsabsicht verfolgt ein Sprecher mit einem Text? Hier berührt sich die Textsortenklassifikation mit der Sprechakttheorie. Ist der Text monologisch oder dialogisch, und falls Letzeres: Ist die Kommunikation symmetrisch (auf Augenhöhe), oder asymmetrisch, d.h. der Sprecher weiß mehr als der Hörer (wie bei der Anleitung), oder ist der Hörer in einer höheren Machtposition? Sind Sprecher und Hörer räumlich voneinander getrennt, ist dem Hörer eine zeitnahe Reaktion möglich?

b) Textmerkmale/Kriterien der Textualität

- Das Alltagsverständnis von Textsorten beruht auf heterogenen Kriterien:
  o Sprachlichkeit/Schriftlichkeit
  o Thema: Abenteuerroman, Liebesroman
  o Funktion: Anleitung, Danksagung
  o Medium: Zeitungsartikel, E-Mail
  o Kohärenz/Kohäsion
  o Intentionalität (bestimmte Absicht), Akzeptabilität (Erwartungshaltung), Informativität, Situationalität, Intextualität
  o Merkmale der spezifischen Textgrenzen

15

- **7 Merkmale/ Kriterien nach Dressler et al.:**

1. Kohäsion/Kohärenz
   - ⇨ Stichwortartige Aufzählung, experimentelle Prosa, Fragmente in Tagebüchern etc. erfüllen diese Kriterien nicht, sind aber dennoch Texte.
2. Intentionalität (Absicht)
   - ⇨ Lässt sich jedoch nicht immer eindeutig bestimmen.
3. Akzeptabilität (Erwartungshaltung)
4. Situationalität (kontextuelle Einbettung des Textes)
5. Informativität (Informationspotenzial)
   - ⇨ Ausmaß der bekannten oder unbekannten Informationen kann je nach Text erheblich variieren.
6. Intertextualität (Texte beziehen sich auf andere Texte)
   - o weite Sicht: Jeder Text ist eine Realisierung einer bestimmten Textsorte und steht somit in einem intertextuellen Bezug auf alle anderen Texte derselbsn Textsorte.
   - o Enge Sicht: Zitate, Anspielungen, Parodien
7. Textsortenzuordnung

Textinterne Kriterien:

- **Paraverbale oder grafische Merkmale:**
  Handschrift beim Brief, Hervorhebung einer Überschrift durch Schriftgröße

- **Stil: Auffälligkeiten hinsichtlich…**
  a) Lexik: jugendsprachlicher Wortschatz/Varietäten
  b) Grammatik (Satzbaumuster): Nominalstil bei Gesetzestexten, Häufung von Infinitiven bei Backrezepten
  c) Textstruktur: Verse und Strophen bei Gedichten, Headline – Fließtext – Slogan als klassische Anzeigestruktur

- **Texte verschiedener Wissenschaftsbereiche:**
  Fachsprachliche Varietäten/Fachwortschatz der Politik, der Religion

- **Textinhalte:**
  Thema
  a) als Kerngedanke des Textinhalts, zB als Überschrift einer Zeitungsmeldung hervorgehoben
  b) Arten der Themenentfaltung, Verknüpfung der Teilinhalte eines Textes: deskriptiv (beschreibend), narrativ (erzählend), explikativ (erklärend), argumentativ (begründet)

Textexterne Kriterien:

- **Textfunktionalität:**

  o Wichtige Unterscheidung bzgl. der **Funktion**:
  a) Gebrauchstexte
  b) Literarische Texte
  ⇨ Literatur besteht natürlich aus Texten, aber nicht jeder Text ist Literatur.
  ⤵ Literarische Texte: Prosa (Epik), Drama, Lyrik
  ⤵ Journalistische Texte: Zeitungsartikel,...
  ⤵ Gebrauchstexte: Briefe, Kochrezept, Gesetzestext, Kontaktanzeige,...

  o Die im Text erkennbare **Kommunikationsabsicht** des Textautors. Sie soll vom Rezipienten (Hörer bzw. Leser) erkannt werden. Texte haben ein kommunikatives Ziel & müssen daher als Texte in Funktion mit einer spezifischen Produktions- und Rezeptionssphäre aufgefasst werden.
  o Zweck von Texten.
  o Einbettung in eine Kommunikationssituation
  o Was will ein Sprecher/Autor erreichen?
  o Was erwartet der Rezipient?

5 Funktionen (Textklassen):

1. Informationsfunktion
   z.B. Nachricht, Zeitungsnachrichten, Berichte, Beschreibungen, etc.
2. Appellfunktion
   zu etw. auffordern, z.B. Zeitungskommentare, Gesetzestexte, Gebrauchsanleitung, Antrag. Predikt, Werbeanzeige, etc.
3. Obligationsfunktion
   eine Verpflichtung, z.B. Vertrag, Garantieschein, Angebot, Drohbrief, etc.
4. Kontaktfunktion
   z.B. Geburtstagskarte, Gratulationsbrief, Kondolenzbrief, Liebesbrief, etc.
5. Deklarationsfunktion
   etwas bewirken, z.B. Urkunde, Vollmacht, Testament, etc.

➔ **Problem:**
   Es gibt Mischformen! Daher ist eine Subklassifizierung notwendig:
   a) Strukturelle Kriterien
   b) Kontextuelle Kriterien

- **Kommunikationssituation:**

c) öffentlich-offiziell-privat b) schriftlich-mündlich c) face-to-face
   Situation
d) mediale Individualkommunikation e) mediale Massenkommunikation

Vorgehensweise bei der Textsortenklassifikation:

- Zunächst wird man über die Bedeutung von **Schlüsselwörter** (Wörter, die eine zentrale
  Bedeutung uns Relevanz für einen bestimmten Text bzw. eine Textsorte haben) einen
  Eindruck vom Inhalt des Textes haben.
- Dann wird man sich einer **Textanalyse** über strukturelle Merkmale nähern.
  - o Aufbau (Abfolge von bestimmten Textteilen)
  - o Organisation (Fortführung oder Neueinführung von Themen im Text)
  - o Grammatische Eigenschaften
  - o Äußere, formale Gestaltung des Textes
  - o Funktionale Merkmale, die den Zweck von Texten und ihre Einbettung in eine
    Kommunikationssituation beschreiben: Was will ein Sprecher oder Autor mit
    seinem Text erreichen, was erwartet der Rezipient von einem Text, in welcher
    Weise wird eine Situation durch den Text verändert oder neu strukturiert?
    Beispiel für eine Textsortenklassifikationsanalyse:

Textsorte: Kochrezept

Inhaltlich wird man bemerken, dass Nahrungsmittel und im zweiten Teil auch
küchentypische Tätigkeiten genannt werden.
Die strukurorientierte Analyse ergibt das folgende Ergebnis: Der Text ist
zweigeteilt; er besteht aus einer Auflistung, die Menenangaben und
Produktbezeichnungen enthält. Der zweite Teil ist ein kurzer Prosatext mit drei
Abschnitten in logischer Abfolge: 1) Nudeln zubereiten, 2) Sauce zubereiten, 3)
Nudeln und Sauce vereinen.
Die Kommunikationsrichtung ist monologisch, d.h. es gibt keine
Sprecherwechsel, aber auch keine 1. oder 2. Person.
Die Grammatik des Textes ist geprägt von Infinitiven ohne Subjekt.
Die in der Tabelle genannten Produkte werden hier wieder aufgegriffen und zum
Objekt der Tätigkeitsangaben. Es gibt keine Wiederholungen, Redundanzen oder
Ausschmückungen, und der Text hält ein Nacheinander, also eine lineare
zeitliche Abfolge der beschriebenen Handlungen ein.
Thematisch werden keine Nebenstrukturen eingeschoben, wie etwa ein Diskurs
über die Unterschiede zwischen schwarzem und grünen Pfeffer.
Die Wortwahl ist – außer dem letzten Verb „schlemmern" – sachlich, nicht
emotionalisierend; stellenweise wird Fachvokabular verwendet (glasig
anbraten).
Die funktionale Analyse ergibt, dass es um sachorientierte
Informationsvermittlung geht: Der Leser erhält eine Handlungsanleitung, die auf
eine eng begrenzte Situation ausgerichtet ist, nämlich die Zubereitung einer
Mahlzeit (etwa im Gegensatz zu einer allgemeinen Lebensberatung). Die
grammatischen Infinitiv-Konstruktionen werden pragmatisch als Anweisungen

18

von Autor an Leser gedeutet. Das Kochrezept ist eine schriftliche **Textsorte**, bei der Produktion und Rezeption des Textes zeitlich sehr weit auseinanderliegen können. Ein Rückmeldekanal ist nicht vorgesehen, so dass der Text alles so spezifizieren sollte, dass keine Nachfragen notwendig sind. Die **Kommunikationssituation** ist asymmetrisch: Der Autor weiß etwas, das der Leser erst erfahren will (im Gegensatz zu einer Diskussion „auf Augenhöhe").

3. Kohäsion vs. Kohärenz

Kohäsion (=Oberflächenstruktur) VERKNÜPFUNG	Kohärenz (=Tiefenstruktur) LOGISCHER SINN

▪ Strukturell-grammatischer Zusammenhang
▪ Sprachliche Ebene
▪ Lineare Sprachproduktion, wie wir bei gesprochener Sprache als zeitliches, bei geschriebener Sprache als räumliches Nebeneinander erleben.
▪ Sprachliche Mittel, mit denen die grammatischen Beziehungen hergestellt werden
	▪ Inhaltlich-thematischer Zusammenhang
	▪ Logische Ebene/Sinn
	▪ Die erschlossene bzw. zu erschließende konzeptuelle Basis
	▪ Bestimmte Wissensbestände kommen beim kohärenten Textverständnis zum Tragen:
	  a) Weltwissen
	  b) Handlungswissen
	  c) Konzeptuelle Deutungsmuster

▪ **Pro-Formen**
(Textverknüpfungen)
Pronomen, Adverbien (dort, da),
Pronominaladverbien (wobei, womit, darauf),
Demonstrativpronomina (dieser, der)
a) Anaphorische Pro-Formen (Rückverweis)
*Bsp.: **Heiner** geht mit mir ins Kino. Das macht **er** immer.*
Er -> Rückverweis: Heiner
Das -> Rückverweis zu: `geht mit mir ins Kino`
b) Kataphorische Pro-Formen (Vorverweis)
*Bsp.: Falls **er** überhaupt kommt, bringt **Paul** die Anlage vorbei.*
Er -> Vorverweis: Paul
▪ **Rekurrenz**
(Wiederaufnahme eines Textelements)
a) Einfache Rekurrenz
Bsp.: Zimmerleute,… . Zimmerleuten,…
b) Partielle Rekurrenz
(Wiederaufnahme desselben Lexemverbandes)
Bsp.: entdeckte – Entdeckung- Entdecker
c) Vollständige Rekurrenz
(Wiederaufnahme desselben Lexems)
Bsp.: Gestern habe ich einen Vogel beobachtet. Der Vogel war ganz klein.
d) Formale Anordnung => Reihung von Zahlen
▪ **Substitution**
(ein Wort wird durch ein ihm inhaltlich verbundenes Wort wieder aufgenommen)
*Bsp.: Auf dem Markt gab es ganze Stände voll mit **Petunien. Diese Balkonpflanzen** sind die schönsten.*
  o **Koreferenz**
    (liegt vor, wenn zwei oder mehrere Ausdrücke dazu benutzt werden, um auf denselben Referenten Bezug zu nehmen.
    (Synonyme, Ober-Unterbegriffe, Metaphern, Wörter aus dem gleichen Wortfeld,…)
	▪ Schlüsselwörter und ihre Wiederaufnahme
	▪ Überschrift (als kontinuitäts- oder sinnstiftende Funktion)
	▪ Gestaltungsprinzip
	  o Aufbau
	  o Organisation (Fortführung, Neu-Einführung von Themen im Text)
	▪ Grammatische Textoberfläche (strukturelle Konnexität eines Textes)
	▪ Semantische Relationen, semantische Felder
	  o Hyperonymie, Hyponymie, Kohyponyme
	  ⇨ Zuordnung von semantischen Feldern
	  o Meronymie (Teil-Ganzes-Beziehung)
	  o Synonymie
	  o Antonymie (Gegensatz)
	  o Kontradiktion (Widersprüche, die sich gegenseitig ausschließen)
	▪ Themenhierarchie, Bestimmung des dominanten Textthemas
	▪ Thematische Entfaltung:
	  a) Isotopie(-ketten)
	    o Textueller Zus.hang wird durch das sem. dominierende Feld bestimmt.
	  b) Präsuppositionen
	    o Pragmatische P.
	    o Zeichengebundene P.
	    o Referentielle P.
	    o Semantische P.
	  c) Thema (das, worüber etwas ausgesagt wird)-Rhema (Inhalt, der darüber ausgesagt wird)-Struktur

• **Deixis** a) Textdeixis b) Wissensdeixis c) Situationsdeixis • **Paraphrase** • **Ellipse** (der elliptische Anschluss erzeugt einen Textverweis durch Leerstellen) *Bsp.: Ich komme nicht mit, hab keine Lust. - Ich* *schon.* • **Explizite (meta-kommunikative)** **Textverknüpfung** (Verweis auf ein Textelement) *Wie bereits erwähnt, vgl. S. 39, unter Punkt 2, im* *Folgenden,...* • **Tempus** • **Konnektive/Konnektoren/Junktoren** (Verknüpfung von Sätzen mit verbindenden Wörtern, die lokale, temporale, komparative oder kausale Relationen anzeigen) a) Konjunktionen b) Pronominaladverbien • **Koreferenz** (liegt vor, wenn 2 oder mehrere Ausdrücke dazu benutzt werden, um auf denselben Referenten Bezug zu nehmen) Synonyme, Ober-&Unterbegriffe, Metaphern, Wörter aus dem gleichen Wortfeld	

→ Zum Verhältnis von Kohäsion und Kohärenz lässt sich festhalten, dass die Kohäsion weder notwendig noch hinreichend für Kohärenz ist: Sie ist nicht hinreichend, da Texte kohäsive Mittel haben können und dennoch nicht kohärent sind. Und sie ist nicht notwendig, da es zahlreiche Texte gibt, die keine kohäsiven Mittel aufweisen und dennoch kohärent sind. In der neuesten Forschung ist man sich mittlerweile darüber einig, dass es nicht allein die sprachlichen Mittel und grammatischen Verknüpfunshinweise, sondern in erster Linie die im Text angelegten plausiblen Relationen und Weltwissensaktivierungen des Rezipienten sind, die für die Kohärenz entscheidend sind.

Abgrenzungsprobleme:
→ Kohärenz ist die Voraussetzung auf sprachl. Ebene für das Verstehen durch Kohärenz
→ Kohäsion ist die Grundlage für Kohärenz, hat diese aber nicht zur Folge.
→ Trennung von Kohärenz und Kohäsion sollte vermieden werden, da sie in einem fördernden Verhältnis zueinander stehen.

1. Referenz und Textreferenten
(=Verweis auf Personen, Dinge, Geschehnisse, Handlungen und Prozesse; Bezug mittels sprachlicher Ausdrücke auf die außersprachliche Welt)

Textreferenz: temporal, lokal, komparativ (Identitäts,-Ähnlichkeits-& Kontrastbeziehung)

Der Referent ist für den Hörer identifizierbar, und zwar entweder,
  ➢ Weil Sprecher und Hörer entsprechendes Wissen über den Referenten teilen, allg. Weltwissen oder auch sehr individuelles Wissen übereinander
  ➢ Weil der Referent im selben Text oder derselben Äußerung schon vorerwähnt war. Der Referent ist sozusagen im Text auffindbar. Diese Art der Referenz heißt Anaphorik.
  ➢ Weil der Referent in der unmittelbaren, physischen Situation für Sprfecher und Hörer wahrnehmbar ist. Der Sprecher lenkt mit sprachl. Mitteln die Aufmerksamkeit auf ihn.

2. **Isotopie(-kette)**
(semantischer Zusammenhang, Lexeme mit identischen/ähnlichen Merkmalen)

3. **Konnexion**
(Wiederaufnahme und Verbindungsform, Bezug von Sätzen, Sätze werden miteinander verknüpft)
   a) Konjunktionen
   b) Adverbien
   c) Kommata
   d) Junktoren (Konnektoren)

4. **Kontiguität**
(semantische Nähe liegt vor)
   a) Logisch
      Die Frage ist interessant. Leider habe ich darauf keine Antwort.
   b) Ontologisch
      Der Vater war bei der Geburt dabei. Er hält das Kind stolz im Arm.
   c) Kulturell
      Das Flugzeug kann noch nicht starten. Die Passagiere sind noch nicht an Bord.

Abbildungsverzeichnis

Abb. 1   http://www.glottopedia.org/images/2/24/Laterales2.jpg

Abb. 2   http://www.hispanoteca.eu/Lexikon%20der%20Linguistik/z/Zeichen-
         Saussure-Fern%C3%A1ndez.gif

Abb. 3   http://www.christianlehmann.eu/termini/onom_semas.png

Abb. 4   http://www.fb10.uni-
         bremen.de/khwagner/grundkurs1/images/syntagmatik.gif

Abb. 5   http://slideplayer.org/slide/657988/; Folie 3

Abb. 6   http://www.linse.uni-
         due.de/linkolon/semantik/flash/animationen/prototypen.htm